maçã

äpple

pera

päron

laranja

apelsin

limão

citron

uvas

vindruvor

morango

jordgubbe

melancia

vattenmelon

coco

kokosnöt

banana

banan

framboesa

hallon

quivi

kiwi

cereja

körsbär

mirtilo

blåbär

ameixa

plommon

pêssego

persika

figo

fikon

ananás

ananas

manga

mango

dióspiro

persimon

couve-flor

blomkål

curgete

zucchini

beringela

äggplanta

cenoura

morot

batata

potatis

couve

kål

tomate

tomat

espinafre

spenat

brócolos

broccoli

ervilhas

ärtor

abóbora

pumpa

abóbora-menina

butternutpumpa

abacate

avokado

alcachofra

kronärtskocka

cogumelo

svamp

rabanete

rädisa

alho

vitlök

cebola

lök

beterraba

rödbeta

alho-francês

purjolök

pimento

paprika

pimenta-malagueta

chilipeppar

espargos

sparris

www.ingramcontent.com/pod-product-compliance
Lightning Source LLC
LaVergne TN
LVHW071205160826
845679LV00003B/749
9791041706426